Hedwig Gerda Gutberlet-Zerbe ist 1951 in Fulda/Hessen geboren.
Sie ist verheiratet mit dem Bau-Ingenieur Willi Zerbe, hat eine erwach-
sene Tochter im Berufsleben stehend und wohnt heute in:
Ostertor 6, 31180 Giesen (Hildesheim/Niedersachsen)
Mittlere Reife
Wirtschaftsoberschule
Ausbildung als Bürogehilfin
Abschluss im Berufsbild der Sekretärin
Geschäftsleitungssekretärin > Schulsekretärin
Mentalcoach – Certified United Nation Diplomat

Orientalische Rezepte
Kulinarische Köstlichkeiten
aus 1001 Nacht

Text: © 2014 Jutta Schütz

Hören wir das Wort „Orient", verbinden wir es stark mit arabischen Ländern, orientalischem Essen und Tanz. Die orientalische Küche hat auch bei uns viele Anhänger gefunden. Das ist kein Wunder, schließlich sorgen die unterschiedlichen Gewürze und Geschmacksrichtungen für ordentliche Abwechslung auf dem Speiseplan.

❖ Wissenswertes über den Orient:
Der Orient zieht sich fast um den halben Globus und umfasst den Nordafrikanischen Raum, den Nahen Osten und den Mittleren Osten. Die drei Weltreligionen, Christen- und Judentum und der Islam haben ihre Ursprünge im Orient.

❖ Zu den orientalischen Ländern zählen:
Afghanistan, Algerien, Ägypten, Bahrain, Iran, Irak, Israel, Jemen, Jordanien, Katar, Kuwait, Libanon, Libyen, Marokko, Mauretanien, Oman, Pakistan, Palästina, Saudi-Arabien, Somalia, Syrien, Sudan, Tunesien, Türkei, Vereinigte Arabische Emirate.

❖ Mit ihren Gerüchen von:
Safran, Cayennepfeffer, Zimt, Kurkuma und Koriander ist die orientalische Küche ein wahres Feuerwerk für unsere Sinne. Es werden Mandeln, Feigen, Datteln, Pistazien und Hülsenfrüchte angebaut. Bohnen, Linsen, und Kichererbsen dienen als Grundnahrungsmittel. Die orientalische Küche ist einfach märchenhaft.

Feurige Gewürze, der Duft von orientalischen Gewürzen sowie geschmortes Fleisch und Gemüse zaubern einen Hauch von „1001 Nacht".

Die Erzählungen von 1001 Nacht sind weit mehr als nur Märchen für Kinder

Text: © 2014 Jutta Schütz

Die Geschichte von „Scheherazade" basiert auf einer alten persischen Märchensammlung mit dem Namen „Hezâr Afsâna, Tausend Mythen".

Das Märchen von 1001 Nacht ist eine Rahmengeschichte, in die Einzelerzählungen verwoben sind. Die Hauptfiguren sind die Geschichtenerzählerin Scheherazade, und der grausame König Schariyar.

Schariyar, der von seiner Frau mit einem schwarzen Sklaven betrogen wurde, fasst den Entschluss, sich nie wieder von einer Frau betrügen zu lassen. Aus diesem Grunde heiratet er jede Nacht eine Jungfrau seines Reiches, die er am nächsten Tag töten lässt.
Auch Scheherazade ist vom König zum Tode verurteilt worden.
Sie beginnt in der Nacht dem König eine Geschichte zu erzählen, deren Handlung im Morgengrauen abbricht.
Neugierig auf das Ende geworden, lässt der König sie am Leben und verschiebt die Hinrichtung.
Scheherazade wird dabei von ihrer Schwester Dinharazade unterstützt, die sich neue Geschichten ausdenkt.

Dieses Spiel wiederholt sich 1001 Nächte lang, bis der König ein Einsehen hat. In dieser Zeit gebärt Scheherazade dem König drei Kinder.
Am Ende ist der König von der Klugheit und Treue seiner Frau überzeugt und lässt sie am Leben.

© 2015 Autorin Gerda Gutberlet-Zerbe

www.awpsg.com
www.hilfe-depressionen.de
www.gutberlet-zerbe.de
Email: gerda@gutberlet-zerbe.de

© 2015 Herstellung und Verlag:
BoD – Books on Demand, Norderstedt

© 2015 Buch-Idee, Umschlaggestaltung, Illustration, Satz:
Jutta Schütz
Webseite: http://www.jutta-schuetz-autorin.de/
E-Mail: info.jschuetz@googlemail.com

ISBN: 9783734763687

Bibliografische Information der Deutschen Nationalbibliothek:
Die Deutsche Nationalbibliothek verzeichnet diese Publikation in der Deutschen Nationalbibliografie; detaillierte bibliografische Daten sind im Internet über http://dnb.d-nb.de abrufbar.

Gerda Gutberlet-Zerbe

SCHEHERAZADES
Suppen
Ein Hauch von 1001 Nacht

Inhaltsverzeichnis

Alle Rezepte für 2 Personen

KEINE Suppen:

Alibabas Krabbensuppe mit Zimt

Zutaten:

- ➢ 300 g Garnelen (küchenfertig)
- ➢ ½ Liter Sahne und ½ Liter Fischbrühe
- ➢ 3 EL Kokosraspeln
- ➢ ½ TL Salz und ½ TL Pfeffer
- ➢ 1 TL Curry, 2 Schalotten feinhacken
- ➢ 2 Knoblauchzehen (fein hacken)
- ➢ 1 TL gemahlener Koriandersamen
- ➢ 2 EL Sojasoße
- ➢ 1 Messerspitze Cayennepfeffer
- ➢ 2 EL Zitronensaft
- ➢ 1 EL Butter
- ➢ 3 Prisen Zimt und 2 Prisen Zucker

Zubereitung:

Die Sahne mit der Brühe, Kokosraspeln und Salz aufkochen lassen, und vom Herd nehmen. Den Koriander, Sojasoße, Zucker, Cayennepfeffer, Zitronensaft, Zwiebeln und Knoblauch zufügen und aufkochen. Die Garnelen einlegen und einige Minuten in der Suppe erhitzen und zum Schluss die Butter hinzu geben.

Kürbissuppe mit Linsen und Kartoffeln

Zutaten:

- ➤ 250 g Hokkaido Kürbisfleisch
- ➤ 1 kleine Zwiebel
- ➤ 1 große Kartoffel (festkochend)
- ➤ 1 feste Birne
- ➤ 1 EL Kürbiskerne
- ➤ 80 g rote Linsen
- ➤ 3 EL frische Kräuter
- ➤ ½ Stiel Majoran
- ➤ 1 EL Zitronensaft
- ➤ 1 EL Birnendicksaft (Sirup)
- ➤ ½ L Gemüsebrühe
- ➤ 1 TL Salz
- ➤ ½ TL Chillipulver
- ➤ 2 Prisen Pfeffer
- ➤ 1 Prise Zimt
- ➤ ½ TL Currypulver
- ➤ ½ TL Paprikapulver (süß)
- ➤ 2 EL Olivenöl

Zubereitung:

Die Kürbiskerne mit 1 EL Olivenöl in der Pfanne leicht rösten und kalt werden lassen und zur Seite stellen.

Die Birne würfeln und in Zitronensaft wenden.

Kürbis entkernen und in zirka 1,5 cm große Würfel schneiden.

Die Zwiebel und Kartoffel schälen und ebenfalls in zirka 1,5 cm große Würfel schneiden.

Kürbis und die Zwiebel mit 2 EL Öl in der Pfanne glasig werden lassen.

Den Birnendicksaft hinzufügen und karamellisieren lassen. Die Brühe hinzugeben und aufkochen lassen.

Bei mittlerer Hitze zirka 7 Minuten kochen lassen.

Kartoffel, Linsen und Birne zugeben und weitere 10 Minuten bei mittlerer Hitze garen.

Den Majoran abzupfen und zusammen mit den Kräutern in die Pfanne geben und zirka 3 Minuten mit garen.

Mit den Gewürzen abschmecken und mit den Kürbiskernen servieren.

Nudelsuppe mit Crème fraîche

Zutaten:

- 120 g Nudeln (Trockengewicht)
- 1 große Möhre
- 1 Zwiebel
- 2 Knoblauchzehen
- 1 Zucchini
- 3 EL flüssige Sahne
- 200 g Crème fraîche
- 600 ml Gemüsebrühe
- 100 ml Orangensaft
- 2 EL Zitronensaft
- 1 TL Tomatenmark
- 1 Prise Kreuzkümmel
- ½ TL Currypulver
- ½ TL Paprikapulver (süß)
- 1 TL Salz für das Nudelwasser
- 4 EL Olivenöl

Zubereitung:

Nudeln nach Packungsanweisung kochen.

Zwiebel schälen und klein würfeln.

Möhren putzen und in dicke Scheiben schneiden.

Zucchini längs halbieren, in mundgerechte Stücke schneiden.

Mit 2 EL Olivenöl zirka 4 Minuten scharf anbraten und mit Salz und Pfeffer würzen.

In einer Schüssel aufbewahren.

Knoblauch pressen. Eine sehr große hohe Pfanne heiß werden lassen, 2 EL Olivenöl hinzu geben und die Möhrenstücke zirka 8 Minuten anbraten.

Tomatenmark und den gepressten Knoblauch unterrühren und die Gewürze hinzu geben.

Zucchini und die abgetropften garen Nudeln zufügen und zirka 5 Minuten bei schwacher Hitze ziehen lassen.

Gemüsebrühe zum Kochen bringen und alle Zutaten hinein geben.

Crème fraîche und Orangensaft verrühren.

Zum Schluss die Sahne, Crème fraîche mit dem Orangensaft über die Nudeln geben – die Suppe darf dann nicht mehr kochen.

Kichererbsensuppe mit Chiliflocken

Zutaten:

- ➢ 1 kleine Dose Kichererbsen (zirka 300 g)
- ➢ 1 kleine Zwiebel (hacken)
- ➢ 1 Tomate
- ➢ 250 g Naturjoghurt (2 – 4 EL aufheben)
- ➢ 500 ml Gemüsebrühe
- ➢ 1 EL Zitronensaft
- ➢ 1 EL Kräuter
- ➢ 1 TL Chiliflocken (getrocknet)
- ➢ ½ TL Paprikapulver (süß)
- ➢ ½ TL Currypulver
- ➢ ½ TL Kreuzkümmel
- ➢ ½ TL Salz
- ➢ 2 Prisen Pfeffer
- ➢ 2 EL Olivenöl

Zubereitung:

Kichererbsen in einem Sieb abtropfen lassen.

Die Zwiebel in der Pfanne mit dem Olivenöl zart anbraten.

Curry- und Paprikapulver, sowie Kreuzkümmel kurz mitbraten und die abgetropften Kichererbsen dazugeben

Mit der Gemüsebrühe aufgießen, aufkochen lassen und die Tomatenwürfel zufügen.

Zirka 10 Minuten kochen und die Pfanne vom Herd nehmen.

Mit den restlichen Gewürzen (siehe Zutaten) und dem Zitronensaft würzen.

Das Ganze grob pürieren und auf dem Teller mit den Kräutern und dem Joghurt garnieren.

Nudelsuppe mit Hackfleisch

Zutaten:

- ➤ 120 g Nudeln (Trockengewicht)
- ➤ 350 g Rinderhackfleisch
- ➤ 600 ml fertige Gemüsebrühe
- ➤ 1 kleine Zwiebel
- ➤ 1 Knoblauchzehe
- ➤ 1 Zucchini
- ➤ 2 EL Zitronensaft
- ➤ 1 TL Tomatenmark
- ➤ 1 Prise Kreuzkümmel
- ➤ ½ TL Currypulver
- ➤ ½ TL Paprikapulver (süß)
- ➤ 1 EL Salz für das Nudelwasser
- ➤ ½ TL Salz
- ➤ 2 Prisen Pfeffer
- ➤ 3 EL Olivenöl
- ➤ Wasser zum Kochen der Nudeln

Zubereitung:

Nudeln nach Packungsanweisung kochen.

Zwiebel schälen und klein würfeln.

Zucchini längs halbieren, in mundgerechte Stücke schneiden.

Mit 2 EL Olivenöl zirka 3 Minuten scharf anbraten und mit Salz und Pfeffer würzen.

In einer Schüssel aufbewahren.

Knoblauch pressen. Eine sehr große hohe Pfanne heiß werden lassen, 2 EL Olivenöl hinzu geben und das Hackfleisch zirka 10 Minuten stark anbraten.

Tomatenmark und den gepressten Knoblauch unterrühren.

Zucchini und die abgetropften garen Nudeln zufügen und zirka 5 Minuten bei schwacher Hitze ziehen lassen.

Zitronensaft mit den Gewürzen verrühren und abschmecken.

Gemüsebrühe zum Kochen bringen und alle Zutaten dazu geben.

Rindfleisch in Kokosmilch

Zutaten:

- ➢ Zirka 400 g Rindfleisch
- ➢ 700 ml fertige Gemüsebrühe
- ➢ 1 rote Paprika
- ➢ 1 Knoblauchzehe
- ➢ 1 TL Tomatenmark
- ➢ 1 EL Ananassaft
- ➢ 2 EL Zitronensaft
- ➢ 150 ml Kokosmilch (Dose)
- ➢ 1 TL Kokosflocken
- ➢ ½ TL Currypulver
- ➢ ½ TL Salz
- ➢ 2 Prisen Pfeffer
- ➢ 3 EL Olivenöl

Zubereitung:

Rindfleisch waschen, trocken tupfen und in mundgerechte Stücke schneiden.

Paprika schälen, Kerngehäuse entfernen und in Würfel schneiden. Knoblauchzehe schälen und fein hacken.

Olivenöl in einer Pfanne erhitzen.

Fleisch zufügen und scharf anbraten.

Paprika, Knoblauch und Tomatenmark zufügen und mit anbraten.

Kokosmilch und Ananassaft zufügen, aufkochen lassen und bei schwacher Hitze 20 Minuten ziehen lassen.

Kokosflocken unterheben und mit Currypulver, Salz und Pfeffer abschmecken. Alles zur Seite stellen.

Gemüsebrühe zum Kochen bringen und alle Zutaten hinzu fügen.

Okrasuppe mit Hackfleisch

Zutaten:

- ➤ 400 g Hackfleisch
- ➤ 600 ml fertige Rinderbrühe
- ➤ ½ TL Salz *(für das Hackfleisch)*
- ➤ 2 Prisen Pfeffer *(für das Hackfleisch)*
- ➤ 1 TL Currypulver *(für das Hackfleisch)*
- ➤ Zirka 450 g Okra
- ➤ 1 Zwiebel
- ➤ 1 Knoblauchzehe
- ➤ 1 Tomate
- ➤ ½ TL Kreuzkümmel
- ➤ ½ TL Koriander
- ➤ 1 EL frische Kräuter
- ➤ ½ TL Fenchelsamen (gemahlen)
- ➤ ½ TL Cayennepfeffer
- ➤ ½ TL Kurkuma
- ➤ ½ TL Salz
- ➤ 4 EL Öl

Zubereitung:

Pfanne heiß werden lassen und mit 2 EL Olivenöl mit dem Hackfleisch zirka 10 Minuten krümelig braten.

Salz, Pfeffer und Currypulver hinzu geben. Pfanne zur Seite stellen und warm halten.

In die 2. heiße Pfanne 2 EL Olivenöl hinein geben und eine Schicht Okra hinein geben.

3 – 4 Minuten von allen Seiten anbraten und aus der Pfanne nehmen. Schicht für Schicht braten.

Zwiebel in die Pfanne geben, anbraten und den Knoblauch und die restlichen Gewürze hinzu geben.

Zum Schluss die Tomaten.

Die Fleischbrühe dazu geben und zirka 20 Minuten auf kleiner Flamme mit geschlossenem Deckel schmoren.

Die Suppe auf dem Teller anrichten und das Hackfleisch darüber geben.

Orientalische Reissuppe mit Dattelhühnchen

Zutaten:

- ➤ 2 kleine Putenfiletstücke
- ➤ 1 Beutel Reis
- ➤ 600 ml fertige Hühnerbrühe
- ➤ 1 kleine Zwiebel
- ➤ 1 rote Paprika
- ➤ 4 EL flüssige Sahne
- ➤ 2 EL Zitronensaft
- ➤ 1 TL Speisestärke
- ➤ 6 getrocknete Datteln
- ➤ 2 EL Mandelblättchen
- ➤ 1 TL Currypulver
- ➤ ½ TL Salz plus 1 EL Salz für das Kochwasser
- ➤ 2 Priesen Pfeffer
- ➤ ½ TL Chillipulver
- ➤ 3 EL Olivenöl

Zubereitung:

Zwiebel in kleine Würfel schneiden. Paprika in dünne Streifen schneiden.

Reis nach Vorschrift kochen (zirka 15 Minuten). Fertigen Reis zur Seite stellen. Datteln entsteinen und vierteln.

Putenfilets mit Salz, Pfeffer und Curry würzen.

Mandelblättchen ohne Fett leicht anrösten und beiseite Stellen.

Pfanne heiß werden lassen und das Fleisch mit dem Olivenöl auf beiden Seiten scharf anbraten (jede Seite zirka 2 Minuten), aus der Pfanne nehmen, in kleine Streifen schneiden und warm stellen.

In der gleichen Pfanne die Zwiebel, den Paprika kurz anbraten und mit der Hühnerbrühe aufgießen.

Das Fleisch zu der Brühe geben und zusammen zirka 15 Minuten zugedeckt schmoren lassen.

Die Brühe mit Sahne, Zitronensaft Datteln, Gewürze würzen und die Speisestärke dazu geben.

Den Reis auf den Teller geben und die Fleischsuppe darüber gießen und mit den Mandelblättchen bestreuen.

Alibabas Wurstgulasch-Suppe

Zutaten:

- ➤ 3 Rinderwürste
- ➤ 3 kleine Kartoffeln
- ➤ 700 ml fertige Gemüsebrühe
- ➤ 1 Zucchini
- ➤ 1 rote Paprika
- ➤ 1 gelbe Paprika
- ➤ 1 kleine Zwiebel
- ➤ 1 Knoblauchzehe
- ➤ 1 Dose Tomaten (gehackt)
- ➤ 1 Stange Lauchzwiebel
- ➤ 200 ml flüssige Sahne
- ➤ ½ TL Chilli
- ➤ 1 TL gemahlener schwarzer Sesam
- ➤ ½ TL Currypulver
- ➤ 2 Prisen Pfeffer
- ➤ ½ TL Salz und 1 EL für das Kartoffelwasser
- ➤ ½ TL Kreuzkümmel
- ➤ 2 EL Olivenöl

Zubereitung:

Kartoffeln waschen und in kleine Würfel schneiden.

Im Salzwasser 20 Minuten garen und warm stellen.

Tomaten im Sieb abschütten.

Die Wurst in Scheiben schneiden.

Zucchini und Paprikas in dünne Streifen schneiden.

Lauchzwiebel in dünne Ringe schneiden.

Zwiebel und Knoblauch sehr klein würfeln.

Die Gemüsebrühe zum Kochen bringen.

Wurst, Lauchzwiebelringe, Zwiebel Zucchini und Paprikas im Öl anbraten, in die Brühe geben, zirka 5 Minuten köcheln lassen.

Die Kartoffeln, Tomaten, Sahne und die Gewürze dazu geben.

Geflügelsuppe

Zutaten:

- ➢ 1 kleines Hähnchen
- ➢ 1 Bund Suppengrün
- ➢ 1 Lorbeerblatt
- ➢ 2 Zwiebeln
- ➢ 2 Knoblauchzehen (halbieren)
- ➢ 6 Tomaten (enthäuten – oder aus der Dose)
- ➢ 1 Möhre
- ➢ ½ TL Salz
- ➢ 2 Prisen Zimt
- ➢ Je 2 – 3 Prisen Pfeffer & Muskatnuss & Cayennepfeffer
- ➢ 2 EL Butter
- ➢ 4 EL gemahlene Mandeln
- ➢ 2 EL Schnittlauch zum streuen

Zubereitung:

Geflügel mit den Gewürzen, Zwiebeln und Möhre in kaltem Wasser zum Kochen bringen und 2 Stunden garen.

Den zerdrückten Knoblauch in der Butter anbraten, die Tomaten dazu geben und mit etwas Geflügelbrühe ablöschen und zu der Suppe geben.

Geflügel klein schneiden und warm stellen.

Butter schmelzen und die Mandeln etwas anbraten und über die Suppe streuen (auf dem Teller).

Den Zimt darüber streuen.

Mit Schnittlauch garnieren.

Avocado-Fischsuppe

Zutaten:

- ➤ 500 g Kabeljaufilets
- ➤ 2 Avocados
- ➤ 3 Schalotten
- ➤ 700 ml Gemüsebrühe
- ➤ 2 EL Crème fraîche
- ➤ 2 EL Zitronensaft
- ➤ 1 Eigelb
- ➤ 1 Bund Schnittlauch
- ➤ 3 EL Butter
- ➤ ½ TL Cayennepfeffer
- ➤ ½ TL Salz
- ➤ 3 Priesen Pfeffer

Zubereitung:

Die Avocados mit dem Zitronensaft pürieren.

Schalotten fein schneiden, in Butter angebraten.

Das Avocadopüree kommt mit der Gemüsebrühe zu den Schalotten.

Die Suppe wird abgeschmeckt mit Muskat, Cayennepfeffer, Salz und Pfeffer.

Um die Fischbällchen herzustellen, pürieren Sie das Kabeljaufilet. Die Masse vermengen Sie mit der Crème fraîche und dem Eigelb.

Aus dieser Masse formen Sie kleine Bälle und garen Sie in Salzwasser bevor Sie mit in die Suppe kommen.

Mit Schnittlauch garnieren.

Kalif´s Zwiebelsuppe mit Minze

Zutaten:

- ➤ 3 große Zwiebeln
- ➤ 2 Lauchzwiebeln
- ➤ 1 rote Paprika
- ➤ 1 gelbe Paprika
- ➤ 3 Tomaten
- ➤ 2 Knoblauchzehen
- ➤ 1 kleine rote Chilischote
- ➤ 700 ml Gemüsebrühe
- ➤ 1 kleiner Bund Minze
- ➤ 1 kleiner Bund Koriander
- ➤ 2 EL Zitronensaft
- ➤ ½ TL Salz
- ➤ 3 Prisen Pfeffer
- ➤ 2 EL Olivenöl

Zubereitung:

Zwiebeln Lauchzwiebeln, Paprika schälen und in dünne Scheiben schneiden.

Tomaten schälen und in Scheiben schneiden.

Knoblauch grob hacken, Chilischote (Kerne entfernen) in Ringe schneiden, Kräuterblätter von den Stielen lösen und grob hacken.

Olivenöl in einem Topf erhitzen und die Zwiebeln, Lauchzwiebeln darin leicht andünsten.

Paprika, Tomaten und Knoblauch zugeben und zirka 20 Minuten bei leichter Hitze dünsten und die Brühe zu gießen.

Die Hälfte der Kräuter zugeben. Kurz aufkochen lassen und bei reduzierter Hitze 10 Minuten köcheln lassen.

Mit Salz, Pfeffer und Zitronensaft abschmecken.

Mit den Kräutern bestreuen und servieren.

Scheherazades Lachssuppe

Zutaten:

- ➢ 600 g Seelachsfilet
- ➢ 700 ml Gemüsebrühe
- ➢ 2 EL Tomatenmark
- ➢ ½ TL Indische Gewürzmischung
- ➢ ½ TL Zitronen Pfeffer
- ➢ ½ TL Salz
- ➢ 3 EL Zitronensaft
- ➢ 100 g Sellerknolle
- ➢ 300 g Möhren
- ➢ 150 g Porree

Zubereitung:

Gemüsebrühe in einem Suppentopf aufkochen.

Tomatenmark, Indisches Gewürz, Salz und Zitronen Pfeffer ein-rühren. Sellerie schälen, waschen und würfeln.

Möhren und Porree putzen und waschen. Möhren schälen und in kleine Stücke und Porree in Ringe schneiden.

Das geputzte Gemüse zur Gemüsebrühe geben und zugedeckt für 25 Minuten köcheln lassen.

Fischfilet waschen, trocken tupfen, in mundgerechte Stücke schneiden. Zur Suppe geben und bei kleiner Hitze zugedeckt für weitere 10 Minuten garen.

Paprika-Joghurtsuppe

Zutaten:

- ➤ 500 g Naturjoghurt
- ➤ 500 ml fertige Gemüsebrühe
- ➤ 3 frische Paprika
- ➤ 1 Zucchini
- ➤ 1 kleine Möhre
- ➤ 1 große Zwiebel
- ➤ 4 Knoblauchzehe
- ➤ 1 EL Zitronensaft
- ➤ 2 Eier
- ➤ 2 EL Olivenöl
- ➤ ½ TL Salz
- ➤ 4 Prisen Pfeffer
- ➤ 3 EL Kräuter

Zubereitung:

Paprika, Möhre, Zucchini putzen, waschen und würfeln.

Knoblauchzehen, Zwiebel sehr klein würfeln.

Paprika, Möhre, Zucchini, Zwiebel in Olivenöl andünsten, zum Schluss den Knoblauch dazu geben.

Den Joghurt mit der Brühe und den Eiern im Topf verquirlen und unter ständigem Rühren heiß werden lassen (nicht kochen).

Den Topf vom Herd nehmen und mit Salz und Pfeffer abschmecken.

Die Joghurtsuppe mit einem Stabmixer aufschäumen und das Gemüse in die Suppe geben, mit den frischen Kräutern bestreuen.

Kidneybohnen-Eintopf

Zutaten:

- ➢ 400 g Kidneybohnen aus der Dose
- ➢ 200 g weiße Bohnen aus der Dose
- ➢ 2 Stangen Lauch
- ➢ 1 Paprika
- ➢ 450 ml Gemüsebrühe
- ➢ 2 EL Balsamico Essig
- ➢ 2 EL Zitronensaft
- ➢ 1 TL Currypulver
- ➢ ½ TL getrockneter Liebstöckel
- ➢ 1 TL Salz
- ➢ 3 Prisen Pfeffer
- ➢ 1 Dose Tomaten-Püree

Zubereitung:

Lauch waschen, putzen, in Ringe schneiden.

Paprika schälen, Kerngehäuse entfernen, in mundgerechte Stücke schneiden.

Die Bohnen in einem Sieb abtropfen lassen. Gemüsebrühe in einem Topf erhitzen. Bohnen, Flüssigkeit, Lauch und Paprika zufügen und bei schwacher Hitze ca. 10 Minuten köcheln lassen.

Balsamico und Gewürze zufügen und weitere 5 Minuten köcheln.

Kokossuppe mit Möhren

Zutaten:

- ➤ 6 Möhren
- ➤ 2 Zwiebeln
- ➤ 250 ml Kokosmilch
- ➤ 400 g Tomatenstücke
- ➤ 200 g Schmand
- ➤ 2 EL Honig
- ➤ 2 EL Kokosraspel
- ➤ 450 ml Gemüsebrühe
- ➤ 2 EL Olivenöl
- ➤ 1 EL Currypulver
- ➤ 1 TL Salz
- ➤ 2 Prisen Pfeffer

Zubereitung:

Möhren schälen und in Stücke schneiden.

Zwiebeln schälen und fein hacken.

Olivenöl in einem Topf erhitzen.

Möhren, Zwiebeln, Tomaten zufügen, mit etwas Currypulver bestäuben und kurz anschwitzen.

Gemüsebrühe zufügen, aufkochen und so lange kochen lassen, bis die Möhren gar sind.

Mit dem Pürierstab pürieren. Kokosmilch, Honig und Schmand unterrühren.

Mit Currypulver, Salz und Pfeffer abschmecken und mit den Kokosraspeln bestreuen.

Bambussprossen-Suppe mit Reis

Zutaten:

- ➤ 750 ml fertige Hühnerbrühe
- ➤ ½ Tasse Reis
- ➤ 400 g Bambussprossen (aus der Dose)
- ➤ 1 frische Chilischote
- ➤ 1 große Zwiebel (kleine Ringe schneiden)
- ➤ 2 EL frischer Schnittlauch
- ➤ 2 Möhren (klein schneiden)
- ➤ 2 TL Salz
- ➤ 3 Prisen Pfeffer
- ➤ 2 EL Zitronensaft
- ➤ 1 TL Zucker
- ➤ 2 EL Sojasoße

Zubereitung:

Bambussprossen in Streifen schneiden.

Die Chilischote von den Kernen befreien und klein schneiden.

Die Hühnerbrühe zum Kochen bringen und den Reis hinein geben.

So lange kochen, bis der Reis bissfest ist. Dann die Bambusspros-sen, Chilischote, Möhren, Sojasoße, Zitronensaft, Zucker, Zwiebelrin-ge und die Gewürze darin 6 Minuten leicht köcheln.

Hat man Geflügel im Kühlschrank, dann kann man das Fleisch klein schneiden und in die fertige Suppe geben und 2 Minuten ziehen lassen.

Pfeffer-Steak mit Kornblumenblütenblättern

Rezept Widmung für Jürgen Drews von © 2014 Jutta Schütz
Mit freundlicher Genehmigung von Jutta Schütz (Für 2 Personen)

Zutaten:

- ➢ Feld- oder Löwenzahnsalat
- ➢ 250 g Feldsalat (oder Löwenzahnsalat)
- ➢ 250 g Cocktailtomaten
- ➢ ½ kleine Zwiebel
- ➢ 2 Knoblauchzehen
- ➢ 1 EL Olivenöl
- ➢ ½ TL frischen Rosmarin

Zutaten für das Dressing:

- ➢ 2 EL Zitronensaft
- ➢ 7 EL Orangensaft
- ➢ 1 EL Honig
- ➢ 2 EL Balsamico Essig
- ➢ 7 EL Olivenöl
- ➢ 4 EL Schmand
- ➢ ½ TL Salz, 1 Prise Pfeffer

Zutaten für die Garnitur:

2 Hand voll Kornblumenblütenblätter (Nehmen Sie nur die vom Kelch gezupften Zungenblüten - Die Blüten der Kornblume sind essbar und ergeben somit einen dekorativen Farbtupfer im Salat.)

Zubereitung: Den Feldsalat (oder Löwenzahnsalat) putzen, waschen und auf den Tellern anrichten.

Die Tomaten halbieren oder vierteln, je nach Größe und auf dem Salat verteilen.

Für das Dressing alle Zutaten verrühren, damit sich der Schmand und der Honig miteinander verbinden.

Mit Salz und Pfeffer abschmecken und über den Salat geben.

Erst zum Schluss die Kornblumenblütenblätter darauf legen.

Zutaten für das Filetsteaks mit Pfeffersoße:

- ➤ 2 Rinder-Filetsteaks (à 250 g)
- ➤ 150 ml Fleischbrühe
- ➤ 4 EL Crème Fraîche
- ➤ 1 TL Butter
- ➤ 1 EL eingelegter grüner Pfeffer
- ➤ 2 EL Olivenöl
- ➤ 2 EL Cognac
- ➤ ½ TL Salz

Zubereitung:

Die Steaks 30 Minuten vor der Zubereitung aus dem Kühlschrank nehmen.

Die Steaks abbrausen und mit Küchenkrepp trocken tupfen.

Das Fleisch NICHT würzen!

Die Pfanne sehr heiß werden lassen. Das Öl hinzu geben, und die Steaks in der Pfanne bei starker Hitze von beiden Seiten zirka 1 Minute anbraten. Nun die Butter dazu geben.

Zum Wenden KEINE Gabel benutzen, damit das Fleisch nicht verletzt wird. Die Temperatur auf mittlere Hitze herunterregeln und die Butter hinzugeben.

2 Minuten braten pro Seite für ein blutiges Steak.

3 Minuten braten pro Seite für ein rosa Steak.

5 Minuten braten pro Seite für ein durchgebratenes Steak.

Nach dem Braten die Steaks aus der Pfanne nehmen und in Alufolie einwickeln. Den Bratensatz mit Fleischbrühe ablöschen und Crème fraîche unterrühren.

Grüne Pfefferkörner leicht zerdrücken und zur Soße geben. Mit dem Cognac und dem Salz würzen und aufkochen lassen.

Die Steaks auf vorgewärmten Tellern anrichten und die Soße darüber geben.

Kornblumenblütenblätter Likör

Mit freundlicher Genehmigung von Jutta Schütz (Für 2 Personen)

Zutaten:

- ➢ 2 Handvoll Kornblumenblütenblätter
- ➢ Je nach gewünschter Süße: weißen Kandiszucker
- ➢ 1 Liter Doppelkorn (38%)

Zubereitung:

An den Kornblumen die Blüten abzupfen, waschen und trocken tupfen. In ein sauberes und verschließbares Glas füllen, Kandiszucker zufügen und mit Doppelkorn auffüllen.

Das Glas schließen und gut schütteln.

Der Likör muss 8 Wochen ruhen und zwischendurch immer wieder schütteln.

Nach der Ruhezeit wird der Likör ab gefiltert. Während der Ruhezeit verlieren die Blütenblätter ihre blaue Farbe, der Likör bekommt eine bernsteinartige Farbe.

Infos: Die in den Kornblumenblüten enthaltenen blauen Farbstoffe (Anthocyane) sowie Flavonoide sind heute als gesundheitsfördernde bioaktive Substanzen bekannt.

Die Kornblumen gibt es auch in den Blütenfarben: weiß, rosa, rot, violett sowie gefüllt blühende Sorten.

Erdbeereis (ohne Zucker)

Mit freundlicher Genehmigung von Jutta Schütz (Für 2 Personen)

Zutaten:

- ➢ 300 g frische Erdbeeren
- ➢ 225 g Joghurt
- ➢ 1 - 2 EL flüssige Sahne
- ➢ ½ Fläschchen Vanillebackaroma

Zubereitung:

Erdbeeren waschen, in einem Sieb abtropfen lassen und dann pürieren. Erdbeerpüree mit den restlichen Zutaten vermischen, in Dessertgläser füllen und im Gefrierschrank 4 - 5 Stunden fest werden lassen.

Tipp: Anstatt Erdbeeren können Sie auch andere Beeren nehmen. Wenn Sie keine Vanilleschote haben, nehmen Sie ein paar Tropfen Vanillearoma.

Infos: Chili, Pfeffer und andere scharfe Gewürze verschaffen uns eine Portion Glückshormone und haben damit eine entspannende Wirkung auf unseren Körper. Süßigkeiten gelten allerdings nach wie vor als ungesund (Die Rezepte aus dem Buch sind alle auch für Diabetiker geeignet).

Buchdaten: Low Carb Sweet & Hot

Autorin: Jutta Schütz - Verlag: A.S. Rosengarten-Verlag

ISBN-10: 398161657X und ISBN-13: 9783981616576

Gerda Gutberlet-Zerbe - Books on Demand:

ISBN-10: 3897811464 & ISBN-13: 978-3897811461

Paperback - 80 Seiten Seiten

Mit dem Buch „Koma" (2. Auflage) gibt die Buchautorin Gutberlet-Zerbe Einblicke ins Jenseits.

Fredi erlebt aufgrund eines Sportunfalls ein Koma, die schwerste Form von Bewusstseinsstörung und erwacht nach mehr als 17 Tagen wieder zum Leben. Seinem erfolgreichen Berufsleben als Bau-Ingenieur wird dadurch ein jähes Ende gesetzt. Dennoch, Fredi entwickelt sich zum Lebenskünstler und gelegentlich auch zum Verdrängungskünstler. Lara wird die Frau an seiner Seite und erlebt in seinem Nach-Koma-Leben aufregende Zeiten, die in diesem Buch eindrücklich geschildert werden. Heidemarie fällt nach einem tragischen Motorrad-Unfall mit Genickbruch ins Koma. Dennoch... sie überlebt - und als sie ins Leben zurück erwacht, ist nichts wie vorher. Birgit wird nach einem Reit-Unfall aufgrund eines doppelten Beckenbruches narkotisiert und erhält dabei Einblicke ins Jenseits. Sie schildert fast unglaublich, aber sehr eindrücklich ihr Erleben und bringt Botschaften aus dem Jenseits mit.

Gerda Gutberlet-Zerbe

Paperback - 120 Seiten - € 17,99

Books on Demand: ISBN 978-3-7347-7848-3

Autobiografie einer Sekretärin, Ehefrau und Mutter, die die drei großen K's – Karriere – Küche – Kind – stets miteinander verbunden hat und allen gerecht geworden ist.

Die Philosophie der Autorin lautet: Es macht vieles leichter wenn man sieht, dass andere Menschen ihr Tal der Tränen überwinden und zu neuem Mut, Kraft und Lebenswillen finden. Gerda Gutberlet Zerbe hat sich in ihrem Leben das Ziel gesetzt, anderen Menschen zu helfen. Die psychisch selbstbetroffene Autorin möchte anhand ihres Leidensweges deutlich machen, wie sie ihre Psychosen überwinden konnte, und schrieb aus diesem Grunde ihre Biografie (2. Auflage).

Die erfolgreiche Autorin beschreibt auf lockere Art ihr Leben, dass sich sicher der eine oder andere hierin wiedererkennen wird. Für all diejenigen kann dieses Buch tatsächlich der Schlüssel zum Glück sein.

Gerda Gutberlet-Zerbe

Paperback - 104 Seiten - € 18,99

Books on Demand: ISBN 978-3-7347-6157-7

Dieses Buch ist ein Sofort-Ratgeber, der Sie an die Hand nimmt und Ihnen einen Weg aus der Depressionsfalle zeigt.

Das Buch zeigt einen authentisch erprobter Weg, der Ihnen helfen kann, an meinem persönlichen Beispiel von depressiv-psychotischen Krankheitsepisoden zu zeigen, was alles nach überstandenen Depressionen & Co. immer noch möglich ist.

Ihr Innerer Arzt kann Ihre seelischen Kräfte wieder so mobilisieren und Sie auf den Weg bringen, dass sich Ihr Leben wieder oder überhaupt in ein erfolgreiches = glückliches Leben verwandelt.

Wie das im Einzelnen abläuft, dazu lesen Sie in den nachfolgenden drei Teilen des Ratgebers, der an wichtigen Stellen mit Fotos aus der Kamera der Autorin dokumentiert ist.

Gerda Gutberlet-Zerbe - Paperback - 92 Seiten - € 8,90 (LINKS)

Books on Demand: ISBN 9-783-7347-3127-3

Die menschliche Liebe (Eros) zeigt in diesem Roman um die Lebensmitte der Menschen den großen Bogen vom Positiven über die Leidenschaft hin zum Negativen, wenn die Lebensgesetze nicht beachtet werden. Aber auch ein Weg zurück zum positiven Ausgangspunkt ist wieder möglich, wenn man es denn geschehen lässt. Dieser Roman zeigt auf, dass es auch in der Welt von finanziell großem Reichtum, ebenso große Liebes-Verwicklungen geben kann und dass es eine hohe Kunst ist, trotzdem dann nicht in einer Insolvenz zu enden.

Gerda Gutberlet-Zerbe - Paperback - 76 Seiten - € 8,90 (RECHTS)

Books on Demand: ISBN: 978-3-8334-8288-5

Rocky - mein gutaussehender, blonder Schulfreund mit einem stahlblauen Augenpaar - ein Strahlemann, ein Casanova, der die Damenwelt nach allen Regeln der Kunst an der "Nase herumzuführen" weiß. Der sich schließlich während seiner Ehe in ein Doppelleben verwickelt, das ihm ernst zunehmende Herzattacken bereitet. Beruflich ist er zum Visionär aufgestiegen, der seine Leute für sich arbeiten lässt, auch seine "geliebten" Frauen. Doch das Leben gibt ihm, was er verdient…

Die Broschüren sind ausschließlich über die Autorin zu bestellen!

➤ *Broschüre:* "Es gibt immer einen Weg aus Depression und Psychose"

➤ *Broschüre:* "Mentaltraining/Persönlichkeitstraining – die Ressourcen des Unterbewusstseins für Ihre Weiterentwicklung nutzen!"

➤ *Broschüre:* "Sonnenschein für Ihr Leben – Mentaltraining als wirksame Hilfe bei Burnout und Depressionen"

http://www.awpsg.com

http://www.hilfe-depressionen.de

http://www.gutberlet-zerbe.de

Email: gerda@gutberlet-zerbe.de

Gerda Gutberlet-Zerbe
My Vision of Life

Innovation prize of German economy
The first prize of the world!
The way to a fullfilling meaningful life
New chances for
Burnout → Depressions → psychoses
Part I, II, III
AWPSG-Strategie
[The summary of contents]

Große Buchreihe "SCHEHERAZADE"

Rezepte aus 1001 Nacht

Ein Autorenkreis widmet sich der orientalischen Kochkunst.

Eine fortlaufende Kochbuchserie mit dem Haupttitel „Scheherazade" - ein Hauch von 1001 Nacht - ist angelaufen. Viele verschiedene Autoren beteiligen sich nacheinander an diesem Großprojekt, die auf einer Idee von der bekannten Autorin Jutta Schütz basiert. In der Einleitung erzählt die Autorin Schütz (in jedem Buch zu finden) kurz die Geschichte von Scheherazade. Sie basiert auf einer alten persischen Märchensammlung mit dem Namen Hezâr Afsâna, Tausend Mythen.
Anschließend kommen die Rezepte des Autors. Alle Scheherazadebücher (Autoren) sind auf der Webseite von Schütz zu finden:

http://www.jutta-schuetz-autorin.de/